LISTE DES TRAVAUX

DE M. ROZET,

Chef d'escadron d'État-major, ancien élève de l'École polytechnique,

Candidat à la place vacante dans la section de Minéralogie et de Géologie.

Mes travaux, qui se rattachent tous à l'étude de la constitution physique du globe terrestre et à la description de sa surface, sont de trois sortes :

1° Des travaux géodésiques et topographiques ;
2° Des travaux géologiques ;
3° Des travaux météorologiques.

TRAVAUX GÉODÉSIQUES ET TOPOGRAPHIQUES.

En sortant de l'École d'application du corps des Ingénieurs géographes, en 1823, j'ai été attaché, comme adjoint, à la mesure d'une des grandes lignes perpendiculaires à la méridienne, établies pour le canevas de la nouvelle carte de France.

J'ai été chargé ensuite, pendant plusieurs années, de travaux topographiques.

Lors de l'expédition contre Alger, en 1830, je fus un des quatre ingénieurs géographes attachés à l'État-major général de l'armée, et par conséquent un des premiers à mesurer et à décrire géographiquement le sol de l'Algérie. Nous avons alors établi un réseau trigonométrique depuis la côte, jusqu'au delà du Petit-Atlas ; nous avons mesuré un azimuth, au moyen du soleil, pour orienter ce réseau, et déterminé astronomiquement la latitude et la longitude du phare d'Alger. La mesure de notre azimuth nous a fourni le moyen de déterminer assez exactement la déclinaison de l'aiguille aimantée.

1851

Rentré en France, j'ai repris les travaux topographiques et géodésiques de la nouvelle carte de France, dans le cours desquels j'ai établi des réseaux trigonométriques sur les montagnes qui séparent la Loire du Rhône et de la Saône, sur les Alpes dauphinoises, sur la chaîne volcanique de l'Auvergne, sur les montagnes de la Bretagne, sur les Pyrénées, sur les montagnes de la Provence, etc.

Les travaux géodésiques et astronomiques combinés, de Delambre et Méchain, pour la mesure de la méridienne de France; ceux de Plana et Carlini, pour celle d'un parallèle en Italie; ceux des Anglais, pour la triangulation de l'Angleterre et du pays de Galles; enfin ceux des ingénieurs géographes Français, pour l'établissement du canevas de la nouvelle carte de France, ont fait reconnaître des anomalies très sensibles dans la direction de la verticale en passant d'un lieu à un autre, et surtout à l'approche des chaînes de montagnes.

Dans ses recherches sur quelques unes des révolutions de la surface du globe (*Annales des sciences naturelles*, 1829 et 1830), M. E. de Beaumont s'est habilement servi de ces anomalies pour constater la propagation de certaines dislocations, principalement celle qui a donné naissance à la chaîne principale des Alpes, jusqu'à de très grandes distances, bien que les effets n'en soient pas apparents à l'œil; il a même mis en rapport certains faits géologiques avec les anomalies constatées dans la longueur des degrés de latitude et la direction du fil à plomb, dans le voisinage et sur le prolongement des chaînes de montagnes.

Le colonel Puissant, dans le deuxième volume de la Description géométrique de la France, publié en 1840, ayant rassemblé et discuté ces anomalies pour démontrer que la forme du sphéroïde terrestre n'était pas aussi régulière qu'on l'avait cru jusqu'alors, je cherchai à en profiter pour continuer le premier essai de M. E. de Beaumont (1). Ayant d'abord calculé l'influence d'une chaîne de montagnes sur le fil à plomb placé à sa base, je trouvai qu'en supposant cette chaîne toute composée de basalte, la plus dense des roches connues, sa partie extérieure ne pouvait produire que la moitié de l'effet déduit de la comparaison entre les observations géodésiques et astronomiques. Il résulte de là, que sous les chaînes de montagnes la densité de la croûte terrestre est notablement plus considérable qu'ailleurs. Des anomalies dans la direction de la verticale ayant été constatées aussi au milieu des plaines, et à une grande distance de

(1) Lu à l'Académie, le 7 mars 1841 et publié en 1843, dans les Mémoires de la Société géologique de France.

toute masse montueuse, entre Milan et Parme, dans plusieurs parties de l'Angleterre et de la France, j'ai dû conclure que, sans être accidentée orographiquement, la croûte terrestre peut présenter de notables différences de densité.

Pour mettre le phénomène dans tout son jour, j'ai discuté la marche de la verticale, conjointement avec celle du pendule, dans toute la longueur des deux grandes lignes géodésiques, formant les axes du canevas de la nouvelle carte de France, et sur lesquelles des observations géodésiques, astronomiques et du pendule, ont été faites aux mêmes stations : la méridienne de Paris et sa perpendiculaire au 45° degré. Il résulte de cette discussion, que la courbure des arcs terrestres augmente sensiblement en traversant les chaînes de montagnes, tandis qu'elle diminue dans les espaces qui séparent les chaînes les unes des autres. La surface de niveau de notre sphéroïde présente donc une série de bombements et de dépressions, ce qui avait déjà été constaté, mais moins rigoureusement. Ayant, de plus, calculé les flèches des arcs, ou élévations au-dessus de la surface du niveau de ces accidents, j'ai trouvé des valeurs beaucoup moins fortes que celles qu'on leur avait d'abord assignées, quelques mètres seulement, au lieu de plusieurs centaines de mètres : la hauteur du ménisque produit sur la surface de niveau par la présence de la grande chaîne des Alpes est de 8^{m}6 seulement.

Le pendule bat notablement plus vite sur les bombements que dans les dépressions, ce qui est précisément le contraire de ce que les physiciens avaient admis jusqu'alors. La hauteur des bombements et la profondeur des dépressions de la surface de niveau sont si petites, qu'elles ne peuvent aucunement influencer la marche du pendule; mais il n'en est pas de même des variations de la densité de la croûte terrestre, qui la font s'accélérer sur les bombements et se ralentir dans les dépressions d'une manière très sensible. Le pendule ne peut donc plus être considéré comme un instrument de géodésie; mais c'est un instrument de géologie, qui doit être employé à déterminer les variations de densité de la croûte terrestre. Ces mêmes variations pouvant influer sur le poids du mercure dans la colonne barométrique, on sera obligé d'en tenir compte pour les observations délicates, en réduisant la hauteur de cette colonne au niveau de la mer.

Le signe des perturbations de la verticale changeant dans des espaces peu étendus, pour des points éloignés de 50 kilomètres seulement, par exemple, il en résulte que les masses qui la produisent sont voisines de la surface. Ayant appliqué le calcul, après avoir analysé toutes les circonstances du phénomène, nous avons été conduits, avec le commandant Hossard, à conclure que les effets observés ne pouvaient être produits en chaque lieu par une masse perturbatrice unique, et qu'ils devaient résulter de la succession d'un grand nombre de petites masses, comme les amas et les filons métalliques, les injections de roches plutoniques que présente l'intérieur de presque toutes les chaînes de montagnes, et qui affleurent aussi dans les plaines.

Avec le commandant Hossard nous avons appliqué la haute analyse algébrique à tous les phénomènes résultant des perturbations observées dans la direction de la verticale, en passant d'un lieu à un autre, et nous avons fait un grand travail qui a été lu devant l'Académie (*Comptes rendus des séances*, 29 janvier 1844) et renvoyé à une commission composée de MM. Arago, Mathieu, E. de Beaumont et Liouville. Il résulte de l'ensemble de nos travaux que ces grands bouleversements, dont la surface de la terre nous offre tant de traces, ont pu être produits par de légères déformations de la surface de niveau, dans lesquelles des matières plus denses ont été poussées de bas en haut.

TRAVAUX GÉOLOGIQUES.

1824. — Plusieurs *Mémoires* sur les terrains de la Provence (publiés dans les *Mémoires de la société d'histoire naturelle de Paris* et ceux de la *société linnéenne de Normandie*), dans lesquels la superposition du grand terrain de lignite au terrain crétacé a été clairement démontrée pour la première fois.

Rapport favorable à la *Société d'histoire naturelle*, par Alex. Brongniart, à l'*Académie des sciences*, par MM. Cordier et Beudant.

1827. — *Description géognostique du bassin du Bas-Boulonnais* (in-8 avec une carte et des coupes. Paris, Selligue, 1828). Cet ouvrage est un des premiers où les divisions du terrain jurassique du continent ont été mises en rapport avec celles si bien étudiées de l'autre côté de la Manche.

Rapport favorable à l'Académie, par MM. Cordier et Beudant.

1829. — *Mémoire géologique sur la chaîne des Ardennes* (*Annales des sciences naturelles*, 1830). Par les seules considérations géologiques, j'ai établi, dans ce travail, que l'ensemble des roches qui entrent dans la composition de la chaîne des Ardennes, compose quatre grands groupes géognostiques : le terrain *houiller*, celui de *calcaire carbonifère*, celui de *vieux grès rouge*, et le terrain *schisteux de transition* (*silurien*). Cette classification, longtemps combattue par les géologues belges, a été pleinement confirmée par des Anglais qui ont visité ces montagnes (*Bulletin de la Société géologique de France*, Iʳᵉ série, t. XI, et *Transactions de la Société géologique de Londres*, 1840), MM. Murchison et Lonsdale, qui se sont principalement servis des caractères paléontologiques.

1830. — *Cours élémentaire de geognosie*, fait à l'école d'application du corps des ingénieurs géographes, 1 vol. in-8, avec planches. Paris, Levrault). A cette époque, il n'existait réellement point d'ouvrage élémentaire de géognosie; dans le mien se trouvèrent rassemblées et classées les nombreuses observations éparses dans plusieurs ouvrages et mémoires, et pour la première fois la science fut mise à la portée des élèves.

1830 et 1831. — *Divers mémoires géologiques sur l'Algérie*, envoyés, pendant mon séjour en Afrique, à M. Cordier, qui a bien voulu les communiquer à l'Académie. Ces mémoires ont ensuite été publiés dans les *Annales du muséum d'histoire naturelle*, et dans mon ouvrage en 3 vol. sur l'Algérie.

On ne savait alors rien de positif sur la constitution géologique du sol de la régence d'Alger; mes observations pendant la guerre ont fait connaître qu'un terrain de gneiss et de micaschiste, avec filons et amas de granite, forme la base sur laquelle reposent tous les autres. Des schistes talqueux, passant aux phyllades, avec couches calcaires, dont quelques unes donnent des marbres, recouvrent les gneiss et micaschistes aux environs d'Alger. Un terrain tertiaire, offrant les plus grands rapports avec celui du midi de la France, composé de deux grands étages, calcaire grossier très coquillier, avec macignos, sables, etc., recouvrant une puissante assise de marnes bleues avec cristaux et amas de gypse, généralement peu coquillière, reposant transgressivement sur les deux précédents, constitue la plus grande partie des collines du littoral; il est percé çà et là par des trachytes et des masses ferrugineuses qui ont coulé dessus. Des dépôts marins, très récents, recouvrent le premier étage tertiaire aux environs d'Alger et d'Oran.

La plus grande partie de la première chaîne de l'Atlas est formée par une masse de calcaire marneux, alternant avec des argiles schisteuses passant au phyllade; ces roches contiennent des fossiles de l'époque crétacée. Cette masse est le gisement des filons cuivreux de Mouzaïa, dont la découverte m'est due; c'est aussi celui des filons de fer et de galène exploités depuis longtemps par les Kabyles.

Le terrain tertiaire, cité plus haut, gît au pied des montagnes de l'Atlas et remplit souvent l'intervalle que deux chaînons laissent entre eux : c'est pourquoi je l'ai nommé *terrain subatlantique ;* il a pris un immense développement vers le sud de l'Algérie. J'avais annoncé, dès 1831, qu'il devait former le sol du grand désert de Sahara, et mes prévisions ont ensuite été confirmées par les observateurs qui ont visité quelques parties de ce désert. A l'appui de mes observations, j'ai rapporté de nombreux échantillons de roches et de fossiles, dont deux collections existent encore maintenant, l'une au Muséum d'histoire naturelle, et l'autre à la Société géologique.

1833. — *Description géologique de la partie méridionale de la chaîne des Vosges* (1 vol. in-8, avec une carte topographique et des coupes. Paris, Roret). Dans ce travail, je me suis particulièrement occupé des terrains plutoniques, dont j'ai établi les âges relatifs, fait connaître les liaisons intimes qui existent entre eux et les passages graduels des roches les unes aux autres. Plusieurs des résultats de mes observations ont été adoptés par les auteurs de la carte géologique de la France, et consignés dans le premier volume de leur explication de cette carte. Dans leur rapport à l'Académie, MM. Beudant, Brongniart et Cordier ont dit : « Vos » commissaires pensent que le travail de M. Rozet mérite tout l'intérêt » des géologues, et qu'il est à désirer que l'ouvrage dont ce travail est » l'extrait soit incessamment publié. »

1835. — *Mémoire sur la masse de montagnes qui sépare la Loire du Rhône et de la Saône* (*Mémoires de la Société géologique de France,* 1re série, t. IV). Je me suis encore spécialement occupé, dans ce mémoire, des terrains plutoniques entre lesquels j'ai constaté les mêmes rapports et les mêmes passages des roches les unes aux autres, qu'entre ceux des Vosges ; j'ai surtout établi l'existence d'un immense réseau de filons de quartz, qui s'étend depuis l'extrémité méridionale du département du Rhône, jusqu'à la limite septentrionale de celui de la Côte-d'Or. Ces filons quartzeux, gangues des minerais, ont produit une foule de phénomènes très curieux : ils sont les générateurs des jaspes et de cette classe singulière de roches, les arkoses, sur laquelle M. de Bonnard a le premier attiré l'attention des géologues.

Le quartz, intimement uni à l'oxyde de fer, forme, entre la Saône et la Loire une roche très remarquable, qui a traversé des roches d'époques très différentes, en filons et en grosses masses, dont une, celle de Chiseuil, près Bourbon-Lancy, présente tous les caractères extérieurs d'une lave volcanique. Dans leur rapport à l'Académie, MM. Brongniart et E. de Beaumont ont dit : « M. Rozet a découvert des faits nouveaux dont plusieurs » sont curieux et concourent non seulement à l'avancement de la géogra- » phie minéralogique, mais même à l'éclaircissement de différents points » de géologie ; ce qui nous a paru les rendre dignes d'être enregistrés » dans les annales de la science. » (*Comptes rendus* du 17 août 1840.)

1837. — *Traité élémentaire de géologie*, 2 vol. in-8 avec un atlas ; Paris, Arthus Bertrand. Depuis la publication de mon premier ouvrage, en 1830, la géologie ayant fait de grands progrès, il se trouvait en arrière. Chargé, dès 1834, du cours de géologie à l'Athénée, j'ai dû en faire une seconde édition, dans laquelle j'ai tenu compte de tous les progrès de la science. J'ai alors ajouté un second volume, la géogénie, dans lequel, en combinant les faits, j'ai essayé de remonter aux causes qui ont produit les masses minérales et les divers phénomènes géologiques. J'ai donné dans l'atlas un grand nombre de coupes de terrains et les fossiles caractéristiques des formations.

1843. — *Mémoire sur les volcans de l'Auvergne et de l'Italie.* Après avoir exécuté pendant deux ans, des opérations géodésiques sur la chaîne volcanique de l'Auvergne, et avoir étudié avec soin les grands phénomènes géologiques que cette chaîne présente, je me suis rendu en Italie pour observer une petite éruption qui avait alors lieu dans le grand cratère du Vésuve. Là, j'ai pris la nature sur le fait, et j'ai pu comparer ce qui se faisait sous mes yeux avec ce qui s'était fait dans notre Auvergne, avant les temps historiques. Mon mémoire, de 114 pages in-4°, avec des coupes et une carte géologique au $\frac{1}{400000}$, a été publié dans le premier volume, 2ᵉ série, de ceux de la Société géologique. Dans leur rapport à l'Académie, MM. Brongniart et Dufresnoy ont dit (*Comptes rendus*, janvier 1844) : « Des rapprochements curieux établissent une liaison intime » entre les phénomènes volcaniques et les phénomènes généraux du globe, » et si l'origine des volcans était encore un problème, comme il y a quel- » ques années ; si les géologues n'étaient pas convaincus que les éruptions » volcaniques prennent leur source dans la chaleur centrale de la terre, » comme cela a eu lieu pour l'épanchement des roches cristallines de tous » les âges, les observations de M. Rozet nous révéleraient ce fait intéres- » sant pour l'histoire de notre globe.

» L'analyse que nous venons de faire du mémoire de M. Rozet doit » avoir prouvé à l'Académie que ce travail, fruit de longues recherches, » est rempli d'observations intéressantes, et que les considérations géné-

» ralés que l'auteur en a déduites, établissent une relation remarquable
» entre les actions volcaniques et les phénomènes généraux du globe. »

1844. — *Note géologique sur les Alpes dauphinoises* (*Bulletin de la Société géologique*, t. I, 2ᵉ série). Cette partie de la masse des Alpes présente : 1º un terrain schisteux, pénétré par une quantité de filons, veines et massés transversales de roches feldspathiques et quartzëuses, qui ont complétement changé la nature et l'aspect de celles de sédiment. Ce terrain, contenant des couches charbonneuses avec des empreintes végétales de même espèce que celles du terrain houiller, ne peut pas être rapporté à une époque plus ancienne que le groupe carbonifère le plus inférieur. 2º Une grande masse de calcaire marneux, avec belemnites et autres fossiles du groupe liasique, offrant les plus grandes analogies avec celles de Vassy, près Avallon, recouvre transgressivement, sur plusieurs points, le terrain carbonifère. 3º Aux environs de Grenoble, les étages supérieurs du terrain oolitique se montrent au-dessus du groupe à belemnites ; mais aux environs de Vizille, ce groupe est recouvert transgressivement par le terrain néocomien et par celui du grès vert. 4º Un terrain tertiaire identique avec mon terrain subatlantique, couvre le fond des vallées et le pied des contreforts du versant occidental des Alpes dauphinoises ; les strates de ce terrain sont notablement dérangés, ainsi que les couches de cailloux roulés qui les recouvrent, et que l'on trouve aussi, avec une grande puissance, dans le fond des grandes vallées recouvrant les autres groupes.

Ces masses de cailloux roulés sont traversées sur plusieurs points, par exemple au pont de Baufin, par une roche d'épanchement (spilite), qui a certainement fait éruption à la suite d'une des dernières dislocations de la chaîne des Alpes. Cette roche est souvent accompagnée de gypses et de dolomies, provenant de la modification des calcaires, absolument comme les ophites des Pyrénées. Les grandes modifications éprouvées par les terrains carbonifères et à belemnites, me paraissent être le résultat des bouleversements et des éruptions de diverses natures et de différentes époques, qui ont eu lieu dans la contrée. C'est aussi aux divers croisements des grandes lignes de dislocation de toutes les époques, que cette contrée doit les grands accidents orographiques qu'elle présente.

La puissance de la masse calcaréo-marneuse à belemnites dépassant souvent 700 mètres, la mer dans laquelle elle s'est déposée devait être beaucoup plus profonde ici que dans les autres parties de la France où elle existe également, mais avec une puissance généralement inférieure à

100 mètres ; à la place de cette mer si profonde, se trouvent maintenant nos plus hautes montagnes, fait remarquable, qui ne peut être expliqué que par une grande déformation de la croûte du globe.

1846. — *Mémoire sur la sélénologie.* Pendant les étés de 1844 et 1845, j'ai minutieusement étudié la surface de la lune dans toutes ses phases avec une des fortes lunettes du Dépôt de la guerre ; ayant comparé ensuite mes observations avec les belles cartes sélénographiques de Lohrmann, de Beer et Madler, le 16 mars 1846, je vins lire à l'Académie un mémoire terminé par les conclusions suivantes :

1° Le globe lunaire, primitivement à l'état de fusion ignée, s'est lentement refroidi.

2° Pendant la formation de la première croûte solide, il devait exister, à la surface, des mouvements circulaires qui ont produit, aux limites des ondulations, des bourrelets annulaires par l'accumulation des scories.

3° L'amplitude des ondulations a diminué avec la fluidité de la matière ; mais le phénomène s'est continué jusqu'à ce que la croûte ait acquis une certaine épaisseur.

4° Le mode de formation que nous attribuons à ces anneaux exclut tout à fait l'idée de cratères semblables à ceux de nos volcans.

5° La surface de la lune consolidée, il ne s'est ensuite déposé sur elle aucune couche solide ou liquide venant de l'extérieur : la parfaite conservation de tous les accidents que présente cette surface annonce qu'aucun liquide n'y a jamais existé en quantité notable, pas même à l'état de vapeur dans l'atmosphère.

6° Après l'entière consolidation de l'enveloppe extérieure, elle a été plusieurs fois brisée par la réaction de l'intérieur de la planète. Les fractures, souvent énormes, sont quelquefois simples ; mais elles forment souvent des étoilements, dont le centre est occupé par un grand anneau, Tycho, Kepler, etc.

7° Puisque aucun liquide, en quantité notable, n'a jamais existé sur la lune ni dans son atmosphère, il s'ensuit qu'il ne peut point y avoir d'êtres organisés semblables à ceux de la terre ; et si cette planète n'a point d'atmosphère, comme il est généralement admis, il ne peut y avoir d'êtres dans l'organisation desquels il entrerait des liquides, et l'on ne peut concevoir d'êtres organisés sans liquides.

8° La surface de la lune nous présente encore tous les accidents de sa consolidation, tandis que, sur notre terre, ces accidents sont presque tous cachés par les dépôts aqueux : il est probable que si elle était débarrassée de ces dépôts, ainsi que des mers qui couvrent la plus grande partie de sa surface, les formes annulaires y seraient dominantes. Il doit en être de même pour les autres planètes, car les mouvements circulaires dans leur matière en fusion sont une conséquence nécessaire des mouvements inhérents aux divers corps qui, en s'agglomérant autour des grands centres d'attraction, ont formé les planètes.

Je dis que les mouvements étaient inhérents aux éléments des masses planétaires, parce que, d'après les principes de l'attraction universelle, tous les corps de l'espace doivent tourner les uns autour des autres et sur eux-mêmes. Ces éléments étaient fluides, puisque toutes les planètes sont terminées par des surfaces de niveau.

1850. — *Mémoire sur l'extrémité orientale des Pyrénées* (lu à l'Académie, le 30 décembre 1850). Pendant les années 1848 et 1849, j'ai exécuté des opérations géodésiques sur la chaîne des Pyrénées, et j'ai étudié en même temps la constitution géologique de ces belles montagnes, sur laquelle plusieurs ouvrages et mémoires ont déjà été publiés. Les faits consignés dans ce travail confirment ceux observés par M. Dufrénoy seize ans auparavant, et m'ont conduit à de nouvelles conséquences sur les diverses éruptions des roches plutoniques que j'étudie depuis dix-huit ans. Il en résulte que la chaîne des Pyrénées présente des éruptions granitiques d'époques très différentes, les unes antérieures au dépôt du terrain dévonien, et les autres, postérieures à celui du calcaire à hippurites du terrain crétacé. J'ai déposé sur le bureau de l'Académie deux échantillons de ce calcaire, dont l'un contient l'extrémité supérieure de la veine de granite qui l'a traversé, et l'autre est recouvert par une plaque de granite qui a coulé dessus. Le granite du centre des Pyrénées, se trouvant en fragments arrondis dans les roches arénacées du terrain dévonien, appartient aux premières éruptions; celui de l'extrémité orientale, qui pénètre en filons dans le calcaire crétacé, et qui a quelquefois coulé dessus, appartient aux dernières. Il est probable qu'entre ces deux éruptions il y en a eu plusieurs autres que nous n'avons pas pu distinguer.

Vers le centre des Pyrénées, le terrain de transition avec fragments de granite recouvre immédiatement cette roche plutonique. Il en est de même à l'extrémité orientale ; mais ici nous n'avons point trouvé de fragments granitiques dans les roches de transition, qui sont percées par de nombreux filons et veines de granite. Les deux terrains contiennent ici une grande quantité de minerais de fer, dont plusieurs masses donnent lieu à des exploitations avantageuses.

Des masses isolées d'un calcaire plus ou moins cristallin alternant avec des marnes phylladiformes, sont dispersées sur le granite et le terrain de transition qu'elles recouvrent d'une manière transgressive. Plusieurs de ces masses sont pénétrées par des veines et des filons du granite inférieur. Le même calcaire forme des montagnes à Arles, dans la vallée du Tech, et à Villefranche dans celle de la Tet, sur les frontières d'Espagne et au nord de la vallée de la Gly, les Corbières : dans ces deux dernières localités, il contient des hippurites et des dicérates, ce qui le range dans le terrain crétacé. Sur le versant nord de la vallée de la Gly, le calcaire crétacé est traversé par des veines et des filons de granite ; à Lesquerde, deux blocs calcaires sont tombés dans le granite, qui s'est épanché par dessus l'un d'eux. A Lesquerde et sur plusieurs autres points de ce versant, des masses quartzo-ferrugineuses ont traversé à la fois le granite et le calcaire en coulant dessus. Ces masses, accompagnées de gypse et de dolomie, sont identiques avec celles de Chiseuil (Saône-et-Loire), et offrent de grandes analogies géognostiques avec les ophites du centre et de la partie occidentale des Pyrénées, dont l'éruption est regardée par M. Dufrénoy comme postérieure aux terrains tertiaires les plus récents, et dans le voisinage de nos masses quartzo-ferrugineuses, ces mêmes terrains sont redressés.

Du fait que les éruptions granitiques ont continué depuis les premiers temps de la consolidation de la croûte du globe jusqu'après le dépôt du terrain crétacé, et de celui que les autres roches plutoniques, jusqu'aux laves de nos volcans, sont composées des mêmes éléments que le granite, il résulte que toutes ces roches ont une même origine ; probablement une couche fluide, peu épaisse, répandue sur toute la croûte du globe.

D'après les beaux travaux de M. Cordier, sur la température de la terre, et la considération que les dislocations qui accompagnent les éruptions volcaniques ne s'étendent jamais sur de très grands espaces, on peut admettre, avec M. Cordier, que cette couche est à moins de 100 kilomètres de profondeur.

Je présenterai bientôt à l'Académie un mémoire sur les terrains à lignites du midi de la France, dans lequel j'établirai : 1° qu'il existe dans cette contrée des dépôts de lignites de deux époques différentes, les uns appartenant à la partie inférieure du terrain crétacé (grès vert), et les autres, à la partie inférieure du terrain tertiaire, qui est rapporté à l'étage moyen par les auteurs de la carte géologique de France ; 2° que le terrain tertiaire, présentant trois étages bien distincts, est absolument le même que celui de l'Algérie, que j'ai nommé *terrain subatlantique*.

En Provence, le terrain tertiaire recouvre immédiatement le terrain crétacé, tantôt en stratification concordante, tantôt en stratification transgressive ; en sorte que des caractères tirés de l'inclinaison des strates, on ne peut pas rigoureusement conclure que le dépôt tertiaire a immédiatement suivi celui du terrain crétacé ou qu'il a eu lieu longtemps après. Le terrain subatlantique recouvre aussi immédiatement le terrain crétacé de l'autre côté de la Méditerranée, mais, d'après mes observations, du moins, toujours d'une manière transgressive. Il y a donc une grande similitude entre les phénomènes géologiques dans le midi de la France et dans le nord de l'Afrique ; ce qui peut conduire à supposer que l'affaissement qui a produit le bassin de la Méditerranée date du commencement de l'époque actuelle.

Mes observations dans les montagnes qui séparent la Loire du Rhône et de la Saône, dans celles de l'Auvergne, dans les Vosges, dans les Alpes, dans les Pyrénées, dans la Campanie et même dans l'Algérie, m'ont fait reconnaître une suite de roches d'éruption, très modernes, les unes feldspathiques : basaltes, dolérites, spilites, ophites, etc., et les autres quartzo-ferrugineuses et dolomitico-ferrugineuses, appartenant toutes à la même époque géologique, certainement à la grande époque basaltique contemporaine de la dislocation qui a donné naissance à la chaîne principale des Alpes. Si je ne présente pas, dès maintenant, un travail à l'Académie sur ce sujet d'une très haute importance, c'est que je dois retourner l'été prochain dans les Alpes pour les travaux de la carte de France, ce qui me donnera la facilité de compléter mes observations sur ces roches.

Je suis l'auteur de tous les articles de géologie publiés dans l'*Encyclopédie moderne* de MM. Firmin Didot. L'ensemble de ces articles constitue un traité complet de géologie, autant au courant de la science qu'il m'a été possible de le mettre. Plusieurs sont entièrement nouveaux : je citerai surtout celui sur le rôle que joue la silice dans la nature, qui n'est que le prodrome d'un grand travail dont je m'occupe depuis quelques années.

TRAVAUX MÉTÉOROLOGIQUES.

En 1830, après la conquête d'Alger, nous avons établi un observatoire astronomique et météorologique dans cette ville, où les observations ont été continuées assez régulièrement pendant treize mois, cinq fois par jour : au lever du soleil, à neuf heures du matin, à midi, à trois heures du soir et au coucher du soleil. Le tableau détaillé de toutes ces observations a été publié, en 1833, dans mon ouvrage en trois volumes : *Description du pays occupé par l'armée francaise en Afrique*, Paris, Arthus Bertrand. De l'ensemble de ces observations j'ai déduit les conséquences suivantes :

Le thermomètre a atteint son minimum au mois de décembre, + 2°,80. Pendant mon séjour à Alger, je n'ai point vu de glace ni de gelée blanche; la neige qui couvrit le mont Bouzaria, le 25 décembre 1830, et qui tomba aussi dans les rues d'Alger, n'a pas persisté plus d'une heure. C'est dans le mois d'août, abstraction faite des jours où soufflait le vent du sud, que j'ai vu le thermomètre monter le plus haut, + 33°,50; dans les mois de juin, de juillet et de septembre, il s'est élevé à + 29, 30 et 31 degrés. C'est dans ces quatre mois qu'on éprouve les fortes chaleurs. Au mois d'octobre la température est extrêmement agréable; en novembre commencent les pluies et le froid. Les arbres perdent leurs feuilles à la fin de décembre; mais, avant la fin de janvier, on en voit de nouvelles leur succéder. De mars en juin, on jouit d'un temps délicieux; mais avec juin commencent les grandes chaleurs.

Le maximum de chaleur a généralement lieu entre midi et deux heures du soir; mais souvent le thermomètre est plus élevé vers neuf heures du matin qu'aux autres heures de la journée; il s'élevait ordinairement, vers dix heures du matin, une brise de mer qui rafraîchissait l'atmosphère. Les nuits ne sont pas aussi froides sur la côte d'Afrique qu'on le disait avant notre expédition. Le plus grand abaissement du thermomètre pendant la nuit a été de 7°,5; il était ordinairement de 1 à 4 degrés. Par le moyen des citernes et des sources, j'ai trouvé que la température moyenne d'Alger était de + 17 degrés, celle de Medeah + 14 degrés, et celle d'Oran, + 17°,25.

Pendant toute la durée de mes observations, le baromètre n'est jamais descendu au-dessous de 746ᵐᵐ,00, et il ne s'est pas élevé au-dessus de 774ᵐᵐ,00. C'est dans le mois de février qu'il s'est élevé le plus haut, et dans celui de mars qu'il s'est abaissé davantage. J'ai plusieurs fois observé le baromètre pendant vingt-quatre heures de suite; ce qui m'a prouvé que la colonne de mercure atteint son maximum de hauteur à neuf heures du matin, puis qu'elle descend jusqu'à quatre heures du soir, pour remonter généralement ensuite jusqu'à neuf heures du matin.

Les vents les plus communs sur la côte d'Alger sont ceux du Nord et Nord-Ouest, qui amènent la pluie et le mauvais temps. Les autres sont moins fréquents, surtout ceux de l'Est et de l'Ouest. La saison des pluies et des orages dure six mois, de novembre en mai. C'est dans les trois premiers mois qu'il pleut davantage : il y a eu trente-six jours de pluie du premier novembre 1830, au premier février 1831, et vingt-trois jours seulement depuis cette époque jusqu'au premier mai. Mon ouvrage contient un grand nombre d'autres détails sur le climat de l'Algérie.

Depuis plus de vingt-cinq ans que je stationne sur les hautes montagnes, pour les travaux géodésiques de la nouvelle carte de France, j'ai souvent eu occasion de faire des observations sur les nuages et les orages, mais sans pouvoir lier ces observations entre elles jusqu'à l'année 1848, où je transportai mes observatoires sur la chaîne des Pyrénées, souvent à 3,000 mètres au-dessus du niveau de la mer. Je vis alors, très nettement, que, dans le beau temps, lorsque l'air n'est point agité, ou légèrement agité, la masse de vapeur qui s'élève continuellement de la surface de la terre est limitée supérieurement par une surface visible horizontale, se terminant à l'horizon par une ligne bleuâtre, semblable à celle qui limite l'horizon de la mer. Cette surface est le lieu où, en vertu de l'abaissement de température, la vapeur d'eau est forcée de passer de l'état invisible à l'état visible ou vésiculaire, et par suite, celui où commencent les nuages composés de vapeur vésiculaire, *cumulus*. Dans les beaux temps, ces nuages reposant sur cette surface terminale, tous placés à côté les uns des autres, sont terminés inférieurement par une surface horizontale, et supérieurement par une surface mamelonnée, d'autant plus irrégulière que la température est plus élevée ; alors les cumulus reposent tous aussi sur une voûte sphérique, de sorte que l'observateur qui les regarde de l'intérieur de cette voûte, par l'effet de la perspective, les croit placés les uns au-dessus des autres et entassés en grand nombre près de l'horizon.

La surface terminale de l'océan de vapeur, ou celle inférieure de la couche de cumulus, lorsqu'une telle couche existe, monte et descend avec le soleil : elle se trouve à son minimum d'altitude au lever de cet astre, à son maximum entre midi et deux heures, puis elle redescend ensuite jusqu'au lever du soleil. Au mois de juillet, j'ai trouvé pour le maximum d'altitude 2,200 mètres, et pour le minimum 1,170 mètres. A ces hauteurs, la température a toujours été supérieure à 0°.

L'épaisseur de la couche de cumulus, variable suivant les différents états de l'atmosphère, augmente et diminue avec la hauteur du soleil. Dans le beau temps, j'ai vu cette épaisseur augmenter d'un dixième entre dix heures du matin et deux heures du soir. J'ai mesuré des couches de cumulus qui avaient 1,300 mètres d'épaisseur et d'autres qui n'avaient pas 50 mètres. La grande épaisseur des couches de cumulus est toujours un pronostic de pluie.

A 2,000 mètres au moins au-dessus de la surface supérieure de la couche de cumulus la plus élevée, ainsi que je l'ai constaté par des mesures directes, il existe souvent une autre couche plus ou moins régulière de nuages filamenteux, *cirrus*. L'observation du phénomène de halos, qu'ils produisent, a fait reconnaître que ces nuages devaient être composés de cristaux de glace ; c'est aussi ce que l'on peut conclure de la grande élévation à laquelle ils se trouvent, et ce qu'a glorieusement démontré la belle ascension aérostatique de MM. Barral et Bixio. Les cirrus reposent sur une surface sphérique, comme les cumulus.

Chaque couche de nuages est dans le même état électrique ; car, à l'approche et au contact des nuages d'une même couche, je n'ai jamais observé la moindre décharge ; mais l'état électrique de chaque couche est différent ; car lorsque des nuages de couches différentes viennent à se rencontrer, il y a presque toujours des décharges électriques.

Les orages et la pluie résultent de la rencontre des nuages des deux couches différentes placées l'une au-dessus de l'autre, et la présence simultanée dans l'atmosphère de ces deux couches est un signe certain de mauvais temps. La pluie résulte de la précipitation de la vapeur de la couche de cumulus par l'arrivée des cirrus dans cette couche : sa température se trouve alors notablement abaissée, et il se forme immédiatement des nimbus, nuages orageux et pluvieux.

Aussitôt que les cirrus viennent à rencontrer la couche de cumulus, celle-ci s'abaisse de suite considérablement, se transforme en nimbus, et il pleut aussitôt ; mais quelquefois la pluie n'arrive pas jusqu'à la surface du sol. Aussitôt que la pluie a cessé, la masse de nimbus se relève en se cumulant. Ainsi l'élévation de la couche de nuages qui nous cache le ciel est un un signe de beau temps, tandis que son abaissement est un signe de pluie : c'est un fait que tout le monde peut vérifier dans les pays montueux dont l'altitude des sommets atteint 1,000 mètres.

Dans les deux mémoires que j'ai lus à l'Académie, en 1848 et 1849, et sur le premier desquels M. Babinet a fait un rapport très favorable, je suis entré dans beaucoup de détails sur tous les phénomènes de la formation des nuages, des orages et de la pluie. En 1850, j'ai continué mes observations dans les montagnes de la Provence, où j'ai non seulement confirmé les résultats auxquels j'étais parvenu dans les Pyrénées, mais encore fait de nouvelles découvertes.

J'ai constaté qu'il suffisait d'une certaine différence de températu e pour faire passer la vapeur d'eau de l'état invisible à l'état visible : cette différence peut n'être que de 10 degrés. En faisant chauffer de l'eau dans un vase, j'ai aperçu, à l'œil nu, la vapeur à la surface, au moment où la température de cette eau dépassait de 20 degrés celle de l'air ambiant. Il se forme des couches partielles de nuages, avant le lever du soleil, le long des flancs des montagnes refroidis par le vent du nord. Dans la nuit du 24 au 25 mai, il plut beaucoup à Orange : à la pointe du jour, le sommet du mont Ventoux et celui de plusieurs autres montagnes étaient couverts de neige ; vers neuf heures, ces sommets furent enveloppés chacun d'un chapeau de cumulus qui persista jusque vers deux heures du soir ; et quand ces chapeaux se dissipèrent, la neige des sommets était entièrement fondue ; le thermomètre marquait + 21 degrés à Orange, et il faisait très beau.

Je communiquerai bientôt mes nouvelles observations à l'Académie ; mais j'attendrai celles que j'espère faire cette année dans les Alpes, pour lui présenter un travail général sur la formation des nuages, ainsi que sur celle des orages et de la pluie.

PARIS. — IMPRIMERIE DE L. MARTINET, RUE MIGNON, 2.